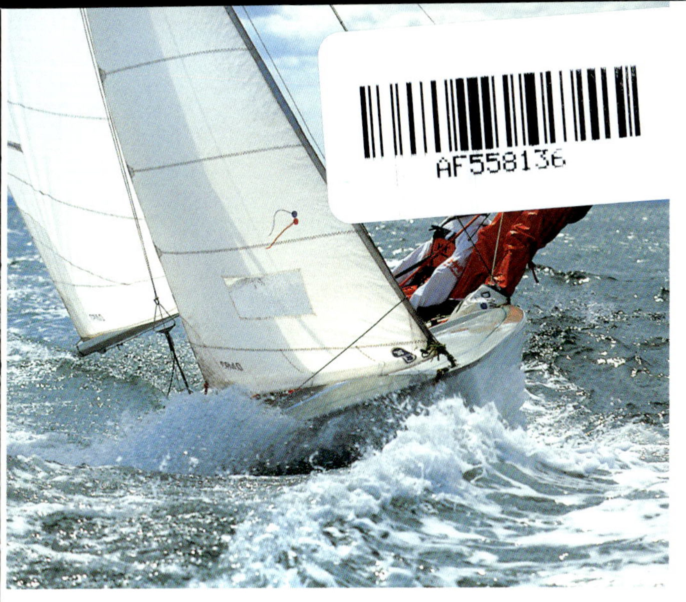

Inhalt

Das Einmaleins einer Jolle

Studieren vor Probieren: Die wichtigsten Begriffe sollten Sie drauf haben, bevor Sie aufs Boot steigen.

Segeln ist wie kaum eine andere Sportart mit Fachterminologie gespickt. Was die »alten Salzbuckel« toll finden, weil sie sich, ähnlich wie bei einem Dialekt, über die Sprache mit einer bestimmten Gruppe identifizieren können, treibt Segelanfänger oft zur Verzweiflung. Doch Jammern hilft nichts. Vor dem ersten Probetörn sollten wenigstens die Grundbegriffe sitzen, denn sonst werden Sie Anweisungen ihres Übungsleiters wie »Zieh die Schoten dichter, drück die Pinne weg« kaum verstehen. Endet der erste Schlag dann gar im Wasser, kommt zum Unverständnis auch noch Unlust.

Auf dieser Seite sind die wichtigsten Teile einer Jolle benannt. Darüber hinaus gibt es allerdings eine fast unbegrenzte Zahl an Begriffen für Beschläge und alle möglichen Leinen, für diverse Drähte und Segel. Doch wenn Sie wenigstens dieses kleine Einmaleins beherrschen, outen Sie sich am Clubsteg nicht sofort als Greenhorn.

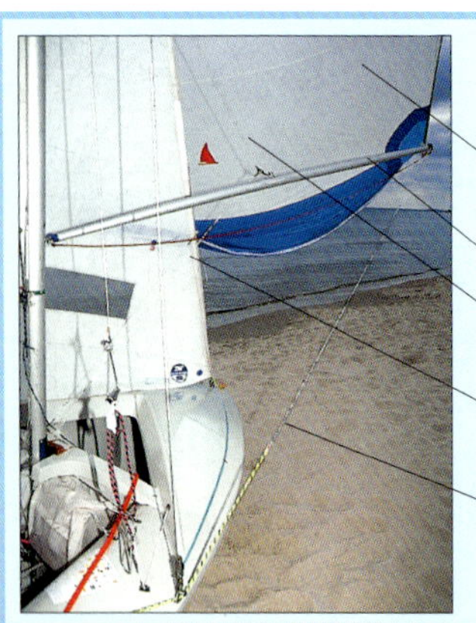

Für Fortgeschrittene – der Spinnaker

Spinnaker
aus besonders leichtem Tuch gefertigt

Spinnakerbaum

Toppnant
kontrolliert den Anstellwinkel des Baums

Spinnakerniederholer
verhindert das Steigen des Baums

Spinnakerschot / Achterholer
die Spinnakerschot in Luv wird immer Achterholer genannt, die in Lee Spischot

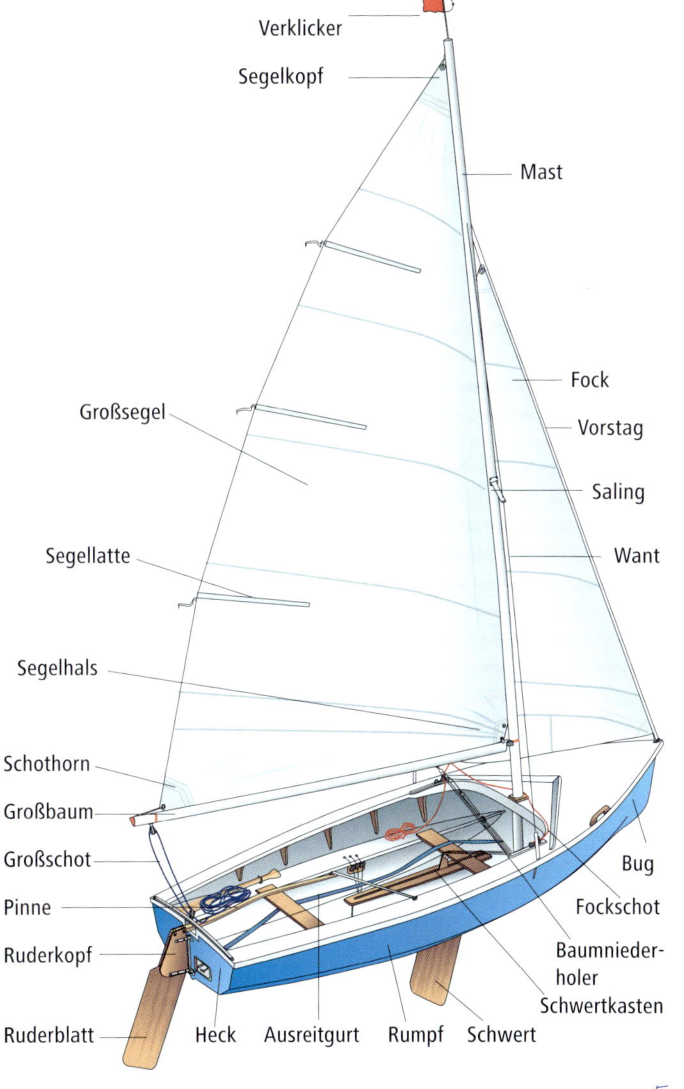
Verklicker
Segelkopf
Mast
Fock
Vorstag
Großsegel
Saling
Segellatte
Want
Segelhals
Schothorn
Großbaum
Großschot
Bug
Pinne
Fockschot
Ruderkopf
Baumnieder-
holer
Schwertkasten
Ruderblatt
Heck
Ausreitgurt
Rumpf
Schwert

Die Teile einer Yacht

Mit der Größe wächst auch eine Vielzahl der Begriffe.
Hier das Einmaleins für Dickschiffe.

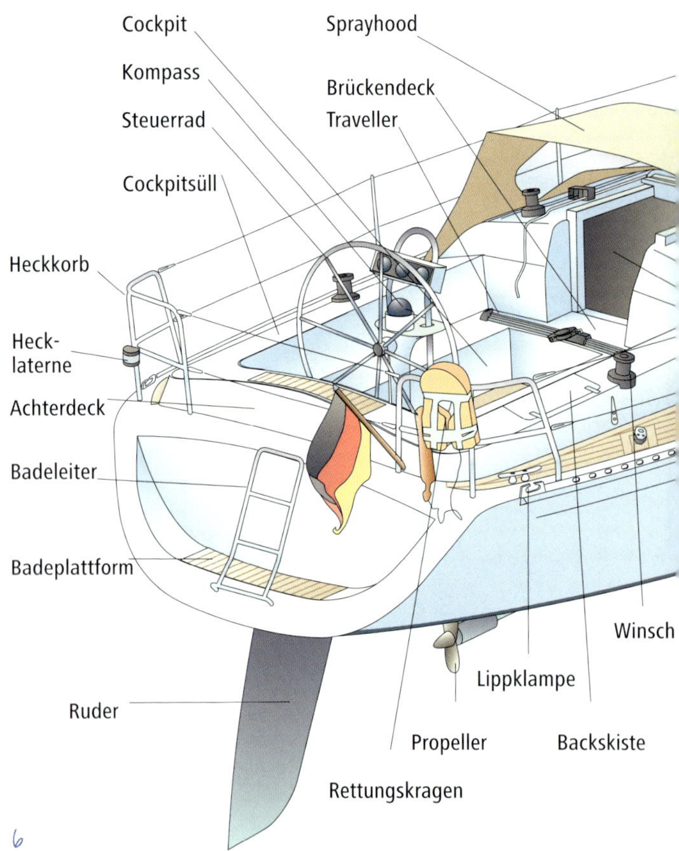

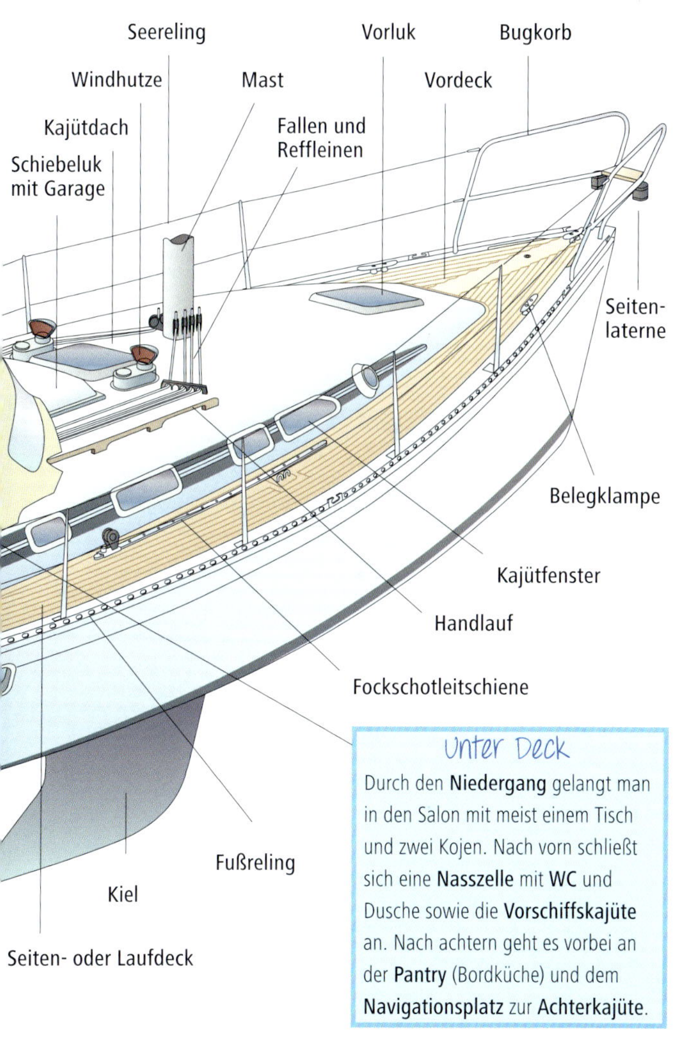

Unter Deck

Durch den **Niedergang** gelangt man in den Salon mit meist einem Tisch und zwei Kojen. Nach vorn schließt sich eine **Nasszelle** mit **WC** und Dusche sowie die **Vorschiffskajüte** an. Nach achtern geht es vorbei an der **Pantry** (Bordküche) und dem **Navigationsplatz** zur **Achterkajüte**.

Widerstand oder Auftrieb

Zwei Fortbewegungsarten: Segelboote lassen sich vom Wind schieben oder ziehen.

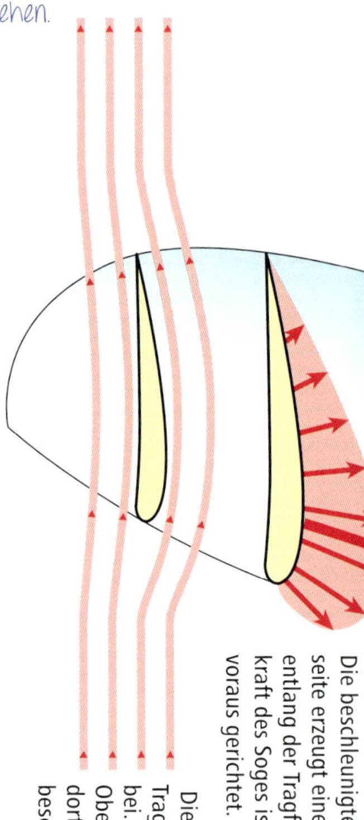

Die beschleunigte Luft an der Oberseite erzeugt einen Sog senkrecht entlang der Tragfläche. Die Gesamtkraft des Soges ist seitlich, leicht voraus gerichtet.

Die Luft strömt am Tragflächenprofil vorbei. Der Weg über die Oberseite ist länger, dort wird die Luft beschleunigt.

Sich schieben zu lassen ist die einfachste und ältere Methode. Dabei kommt es nur darauf an, dem Wind eine möglichst große und stark gewölbte Fläche als Widerstand, als »Schubfläche«, anzubieten. Die zweite Methode, nämlich sich vom Wind ziehen zu lassen, setzt eine aerodynamisch speziell geformte Segelfläche voraus. Das Prinzip ist das Gleiche wie beim Flugzeugflügel: Der Wind umströmt das Profil. Durch dessen Wölbung muss er an der gewölbten Seite einen längeren Weg zurücklegen als auf der anderen. Damit am Ende des Profils kein Luftloch entsteht, muss die Luft an der gewölbten Seite schneller strömen. Es entsteht ein Sog, der das Flugzeug anhebt.

Kommt der Wind genau von hinten, muss ihm möglichst viel Fläche zum Schieben angeboten werden.

Hier zur Seitenmitte falten

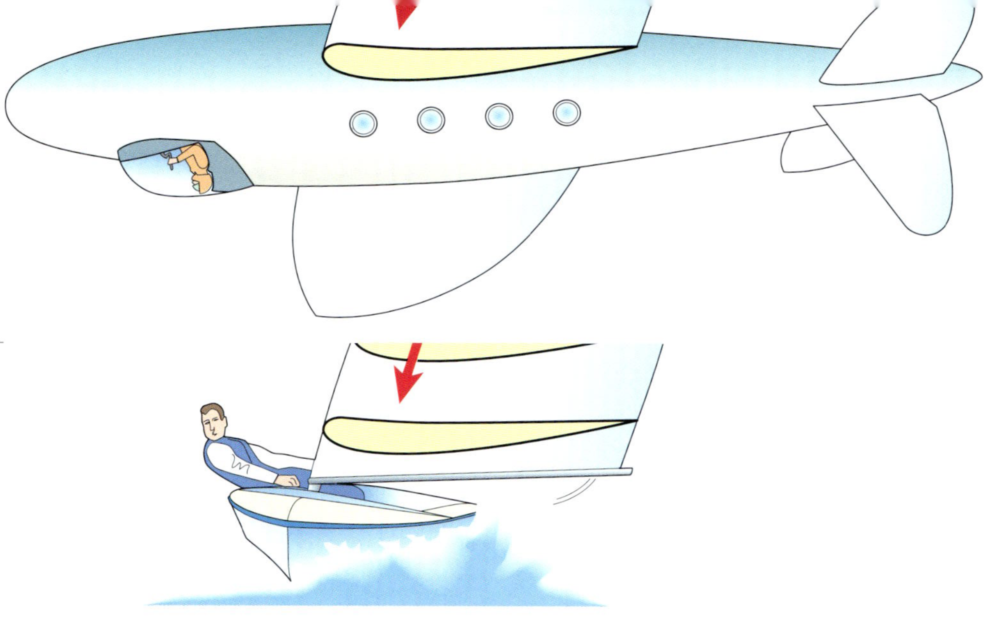

Am Segel passiert dasselbe wie an der Tragfläche. Die Auftriebskraft, die das Flugzeug dazu benutzt, in der Luft zu bleiben, wird beim Segelboot in Vortrieb umgesetzt. Dabei ist aber Auftrieb nicht gleich Vortrieb.

Hier zur Seitenmitte falten

Aus Auftrieb wird Vortrieb

Rumpf, Ruder und Schwert ermöglichen es, quer zum Wind und sogar diesem entgegen zu segeln.

Durch die sanfte Umströmung des aerodynamisch geformten Segels entsteht Auftrieb. Nur wirkt der Auftrieb im besten Falle und bei sehr guten Segeln etwas rechtwinkelig zum scheinbaren Wind und sogar leicht vom wahren Wind weg. Um jedoch Weg in Windrichtung gutzumachen, bedarf es eines Tricks.

Würde man ein Segel ohne Boot aufs Wasser stellen, triebe es der Wind schräg vor sich her. Diesen Effekt kann man selbst annähernd simulieren, indem man auf einen Kurs hoch am Wind bei einer Jolle das Schwert hoch nimmt. Die Jolle treibt dann bestenfalls quer zum Wind, Weg nach Luv dürfte sich kaum gutmachen lassen. Dieses Quertreiben

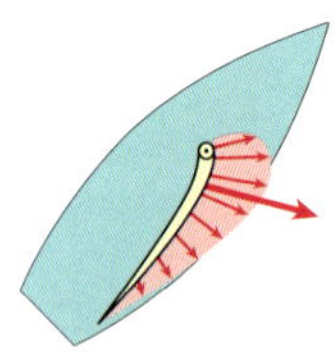

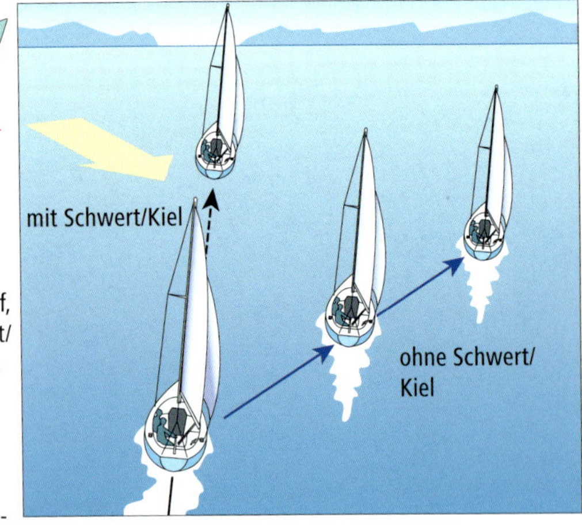

Die projizierten Flächen von Rumpf, Ruder und Schwert/Kiel (also das, was man als Schatten auf einem Blatt Papier sehen würde) stemmen sich dem quer gerichteten Auftrieb entgegen und verwandeln so Teile des Auftriebs in Vortrieb, Fahrt voraus.

zur Windrichtung nennt man Abdrift. Um jedoch Weg nach Luv, also in Windrichtung gutmachen zu können, haben Segelboote ein Schwert oder einen Kiel. Diese sind im Prinzip nichts anderes als eine senkrecht ins Wasser gesetzte Platte, die das Quertreiben bremst. Da das Boot nun nicht mehr seitlich weg kann, setzt es den Auftrieb jetzt in Vortrieb, in Fahrt voraus, um. Je nachdem, wie gut die Segel und das Boot sind, lässt sich ein spitzer oder stumpfer Winkel zum Wind (normal sind 45 Grad zum wahren Wind) erreichen. Damit können Segelboote zwar immer noch nicht gegen den Wind fahren, sie machen aber Weg in Windrichtung gut und können mittels eines Manövers, der Wende (siehe Seite 14), Ziele in Windrichtung erreichen.
Je weiter das Boot vom Wind wegdreht (abfällt), desto schneller wird es. Denn der Auftrieb wirkt dann zunehmend in die gewünschte Fahrtrichtung und muss nicht mehr verlustreich durch Schwert oder Ruder umgelenkt werden.
Bei Annäherung an einen Vormwindkurs wird es dann wieder langsamer, da die Segel nicht mehr umströmt werden und kein Auftrieb mehr entsteht. Dann schiebt der Wind.

Scheinbarer und wahrer Wind

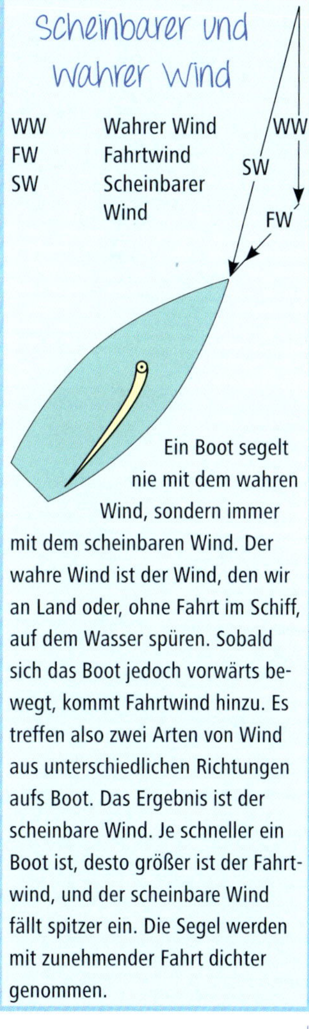

WW Wahrer Wind
FW Fahrtwind
SW Scheinbarer Wind

Ein Boot segelt nie mit dem wahren Wind, sondern immer mit dem scheinbaren Wind. Der wahre Wind ist der Wind, den wir an Land oder, ohne Fahrt im Schiff, auf dem Wasser spüren. Sobald sich das Boot jedoch vorwärts bewegt, kommt Fahrtwind hinzu. Es treffen also zwei Arten von Wind aus unterschiedlichen Richtungen aufs Boot. Das Ergebnis ist der scheinbare Wind. Je schneller ein Boot ist, desto größer ist der Fahrtwind, und der scheinbare Wind fällt spitzer ein. Die Segel werden mit zunehmender Fahrt dichter genommen.

Die Kurse zum Wind

Die unterschiedlichen Richtungen, in die man zum Wind segeln kann, haben spezielle Namen.

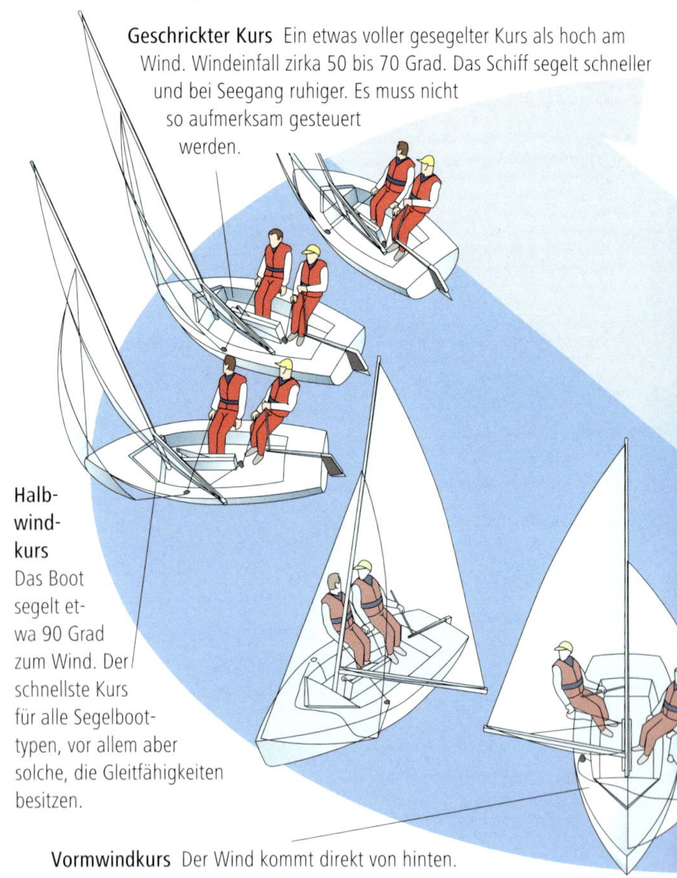

Geschrickter Kurs Ein etwas voller gesegelter Kurs als hoch am Wind. Windeinfall zirka 50 bis 70 Grad. Das Schiff segelt schneller und bei Seegang ruhiger. Es muss nicht so aufmerksam gesteuert werden.

Halbwindkurs Das Boot segelt etwa 90 Grad zum Wind. Der schnellste Kurs für alle Segelboottypen, vor allem aber solche, die Gleitfähigkeiten besitzen.

Vormwindkurs Der Wind kommt direkt von hinten.

Der unerreichbare Sektor Ein Boot kann nicht gegen den Wind segeln. Durchschnittlich schafft es nur einen Winkel von 45 Grad zum wahren Wind. So entsteht ein Sektor, den man nur im Zickzack, Kreuzen genannt, durchfahren kann.

Hoch am Wind
Der Kurs so nah wie möglich am unerreichbaren Sektor. Er bringt maximale Höhe, aber auch viel Abdrift und weniger Geschwindigkeit.

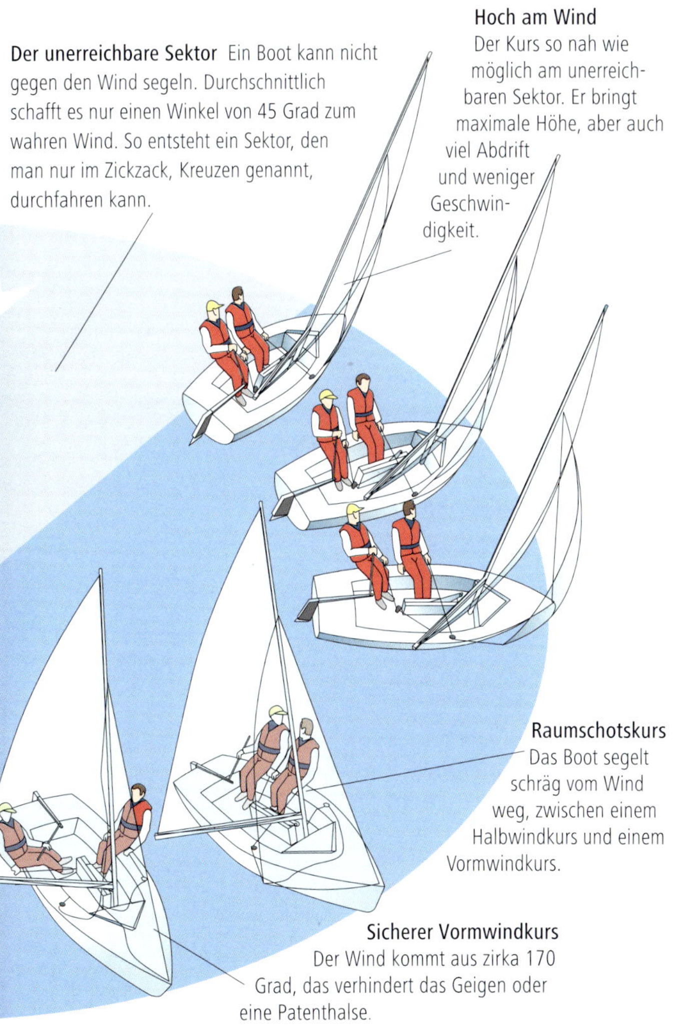

Raumschotskurs
Das Boot segelt schräg vom Wind weg, zwischen einem Halbwindkurs und einem Vormwindkurs.

Sicherer Vormwindkurs
Der Wind kommt aus zirka 170 Grad, das verhindert das Geigen oder eine Patenthalse.

Die Wende

Das Unmögliche geht doch: Zwar kann man nicht gegen den Wind segeln, Ziele in Windrichtung lassen sich dennoch erreichen.

Die Wende ist das wichtigste Segelmanöver. Wer sie beherrscht, kommt überall hin, auch an Ziele, die in Windrichtung liegen. Denn ein Segelboot kann, wie auf den Seiten zuvor festgestellt, nicht gegen den Wind segeln, wohl aber in einem Winkel von zirka 45 Grad zum wahren Wind. Will man nun ein Ziel in Windrichtung erreichen, muss man sich diesem langsam annähern, indem man von einem Bug auf den anderen wechselt. Die Kurse, die das Boot dabei ansegelt, kreuzen sich. Deshalb wird das Segeln zu einem Ziel in Windrichtung Kreuzen genannt. Der Wechsel von einem Bug auf den anderen heißt Wende. Dabei ist es wichtig, dass das Boot vor der Wende genügend Geschwindigkeit aufgenommen hat, um mit der der verbleibenden Massenträgheit durch den Wind zu gehen. Denn während der Wende reißt die Strömung am Segel ab, die Segel flattern im Wind (killen), und das Boot verliert an Fahrt. Nach der Wende, auf dem neuen Kurs, muss das Segel wieder in eine günstige Position zum Wind gebracht werden, damit es wieder umströmt wird und Auftrieb erzeugt.

Der unerreichbare Sektor wird mittels Wenden mehrfach durchquert, um das Ziel in Windrichtung, hier eine Boje, zu erreichen. Den Kurs zur Boje nennet man Kreuzkur: Das Boot kreuzt auf.

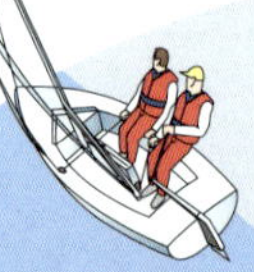

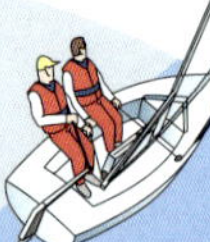

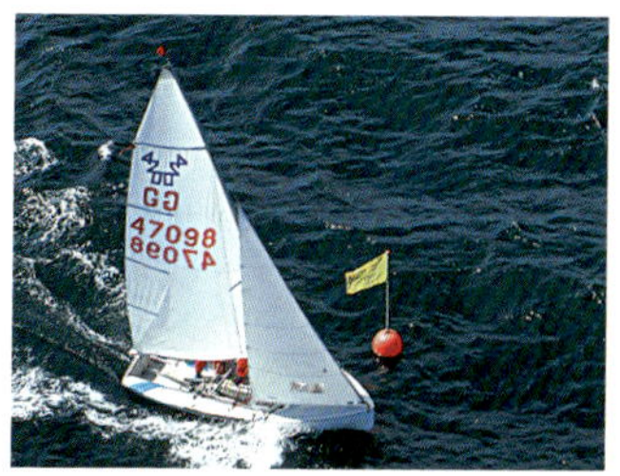

Das Boot kommt mit Wind von Backbord und viel Fahrt auf die Boje zu. Der

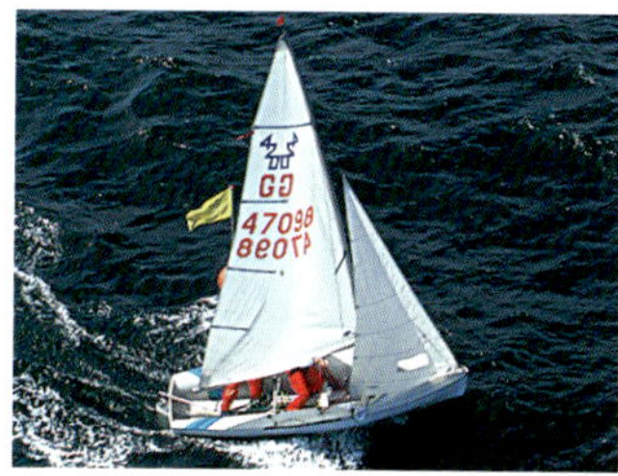

Steuermann luvt an und dreht den Bug in den Wind. Die Mannschaft wechselt

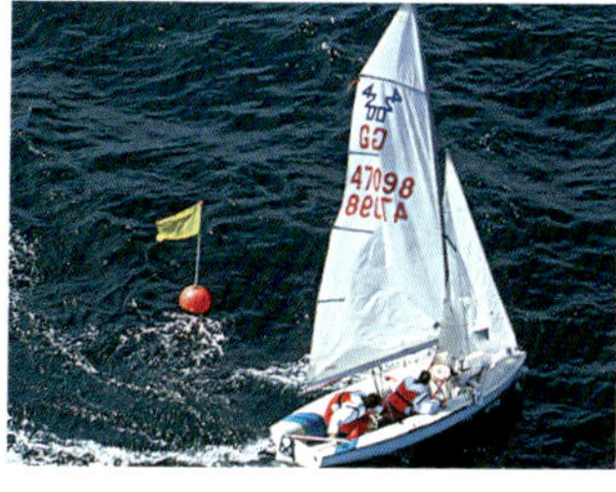

die Seite, die Segel killen und werden auf die andere Seite gezogen. Auf dem

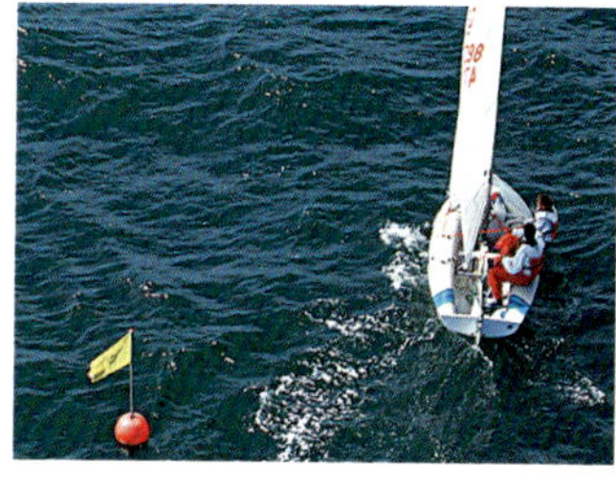

neuen Bug mit Wind von Steuerbord liegt die Strömung wieder an.

Weil bei der Wende viel Fahrt verloren geht, ist es wichtig, diese möglichst perfekt zu beherrschen. Regattasegler, bei denen es um jeden Meter geht, trainieren deshalb die Wende in harten Trainingsstunden immer wieder, um den Geschwindigkeitsverlust möglichst gering zu halten. Ziel dabei ist, die Wende schnellstmöglich abzuschließen, um auf dem neuen Bug die Segel wieder umströmen zu lassen und Fahrt zu machen. Um schnell durch den Wind zu gehen, muss jedoch das Ruder hart gelegt werden, wodurch wiederum das dann quer im Wasser stehende Ruderblatt die Fahrt bremst. Ziel beim Training der Profis ist somit, einen Ablauf zu finden, der das Boot zwar schnell durch den Wind auf den neuen Bug bringt, dies aber mit möglichst wenig Bremswirkung durch das Ruder.

Die Halse

Das Gegenstück zur Wende ist die Halse, nur dass dabei der Wind von hinten kommt.

Die Halse dient dazu, die Windseite des Bootes zu wechseln, wenn der Wind von hinten kommt. Das kann beispielsweise bei Regatten nötig sein, wenn Luv- und Leemarke an derselben Seite zu passieren sind, oder auch beim ganz normalen Segeln, wenn das angepeilte Ziel tiefer als 180 Grad liegt. Bei der Halse müssen die Segel auf die andere Seite genommen werden, was man schiften nennt.
Die Halse geht wesentlich schneller und vehementer vonstatten als die Wende, sie ist auch der häufigste Kenterungsgrund. Deshalb sollte sie öfter geübt werden.

Die Halse sollte immer zum Zeitpunkt der höchsten Geschwindigkeit, also in der Gleitphase oder wenn das Boot eine Welle hinuntersurft, ausgeführt werden. Je schneller das Boot ist, desto größer wird der Fahrtwind. Und da genau vor dem Wind, im Moment des Schiftens, wahrer Wind und Fahrtwind gegeneinander wirken, ist der resultierende scheinbare Wind umso geringer, je größer der Fahrtwind ist.
Ein häufiger Fehler auf Kielbooten ist die sogenannte Patenthalse, das ungewollte Schiften des Großsegels. Das passiert entweder durch Winddreher, wenn der Großbaum nicht durch einen

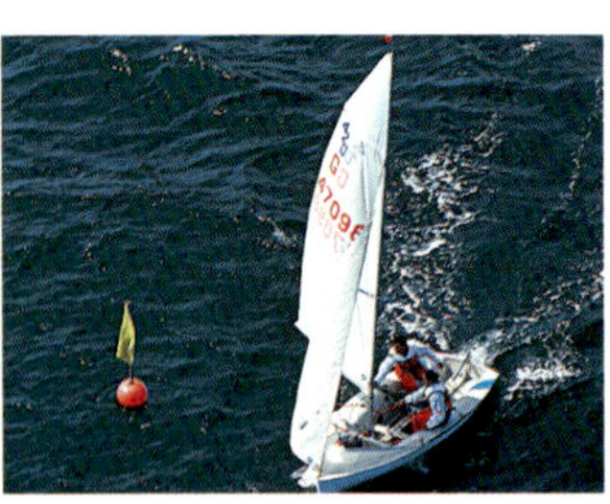

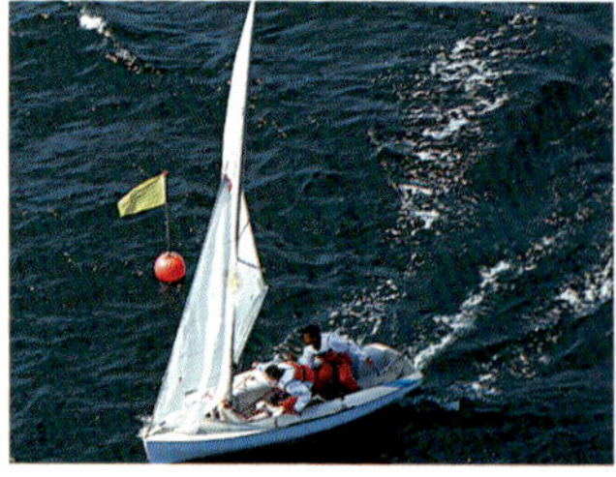

Im Moment der größten Geschwindigkeit fällt der Steuermann ab und holt die Großschot dicht, bis der Großbaum mittschiffs kommt. In dem Moment, wo

Die Q-Wende

Bei sehr viel Wind nimmt die Gefahr einer Kenterung bei der Halse zu. Eine Möglichkeit, die Windseite des Bootes zu wechseln, ist dann die Q-Wende. Sie dauert zwar länger als eine Halse, ist aber wesentlich sicherer, und das Ergebnis, der Kurswechsel, ist dasselbe.

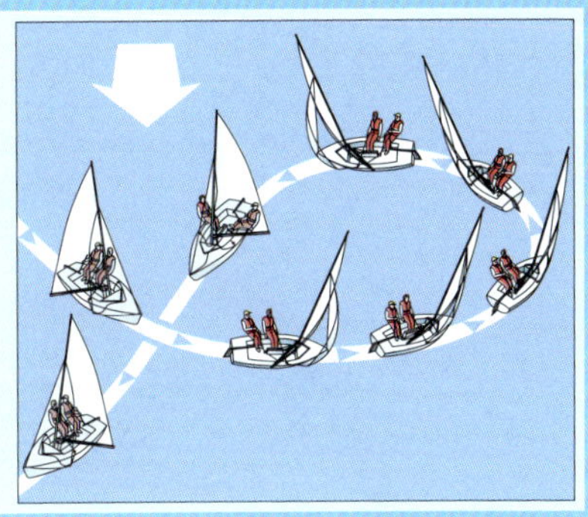

Bullenstander gesichert ist, oder wenn der Steuermann unaufmerksam ist und zu tief steuert. Die Patenthalse ist gefährlich, da die Crew nicht auf sie vorbereitet ist und es dabei zu Verletzungen durch den überkommenden Großbaum kommen kann.
Perfekte Halsen sind entscheidend beim Vor-dem-Wind-Kreuzen.

Insbesondere schnelle Gleitjollen bevorzugen auch vor dem Wind einen Raumschotskurs, da sie dabei trotz des längeren Weges schneller sind. Um jedoch die Winddreher mitzunehmen, wird ständig gehalst, also der eigene Kurs gekreuzt.

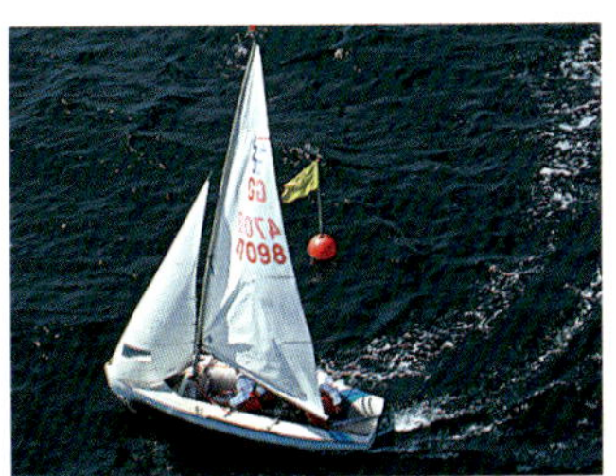

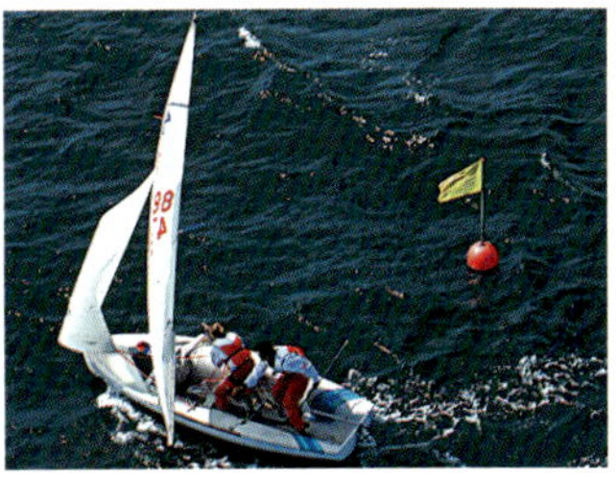

dieser die Schiffsmitte passiert, wechselt die Crew die Seite, der Steuermann gibt leicht Gegenruder und lässt das Großsegel langsam wieder ausrauschen.

Kentern und Aufrichten

Jeder kann kentern. Es ist keine Schande, jedenfalls so lange, wie man sein Boot selbst wieder aufrichtet.

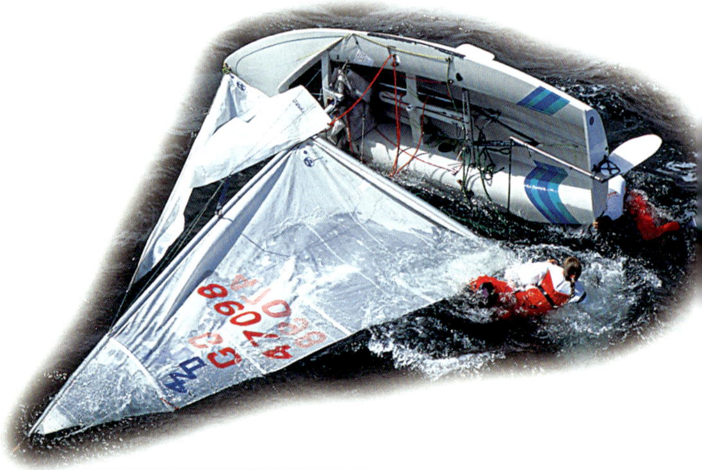

Jedes Segelboot hat das Bestreben umzukippen. Der Wind drückt seitlich in das Segel, und da er das Boot aufgrund des Wasserwiderstandes (Rumpf, Ruder und Schwert/Kiel) nicht vor sich her treiben kann, kommt es zu einer Drehbewegung, Krängung genannt. Um dieser Krängung entgegenzuwirken, haben Kielschiffe Blei am Ende des Kiels, welches das Schiff durch den Hebelarm stabilisiert. Jollensegler müssen diese aufrichtende Wirkung, den Hebelarm, durch Verlagern ihres Gewichtes nach außen erzielen, Ausreiten oder Trapezen genannt.

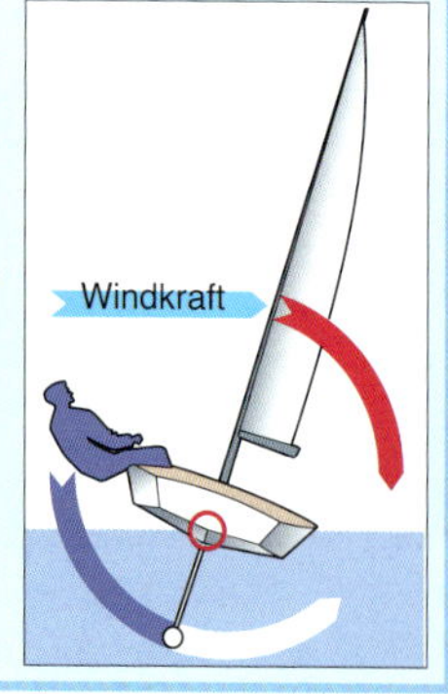

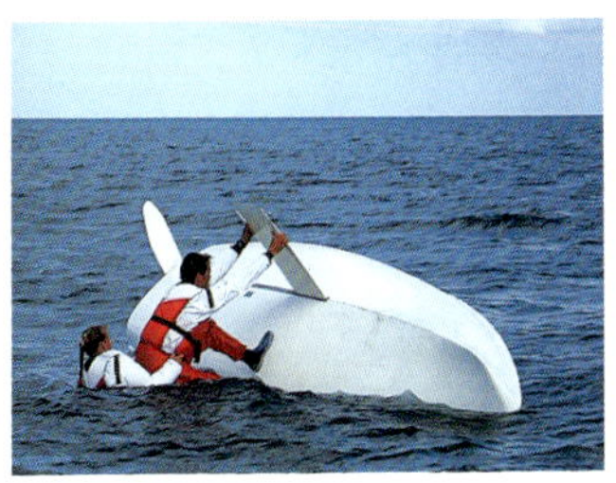

Oberstes Gebot nach einer Kenterung ist, beim Boot zu bleiben. Zuerst wird es

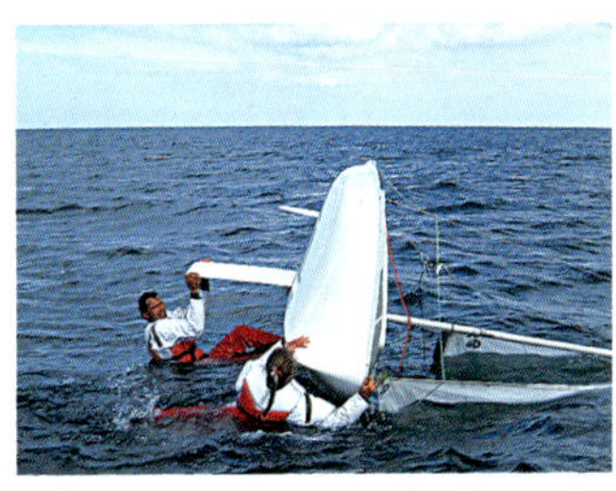

in die Waagerechte gebracht, dann mit dem Bug in den Wind gedreht. Dort hält

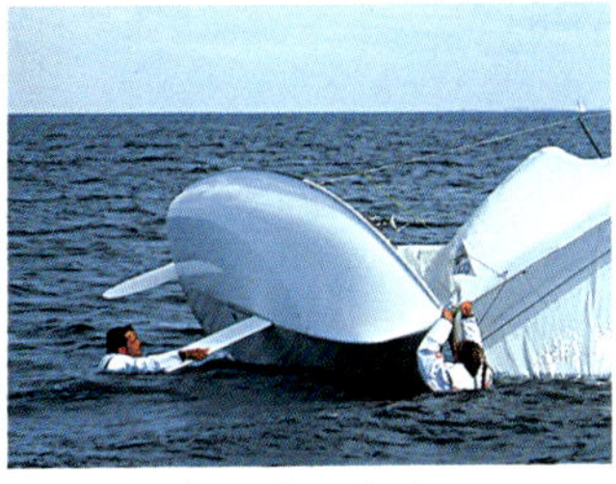

es der Vorschoter fest, der Steuermann drückt mit seinem ganzen Gewicht aufs

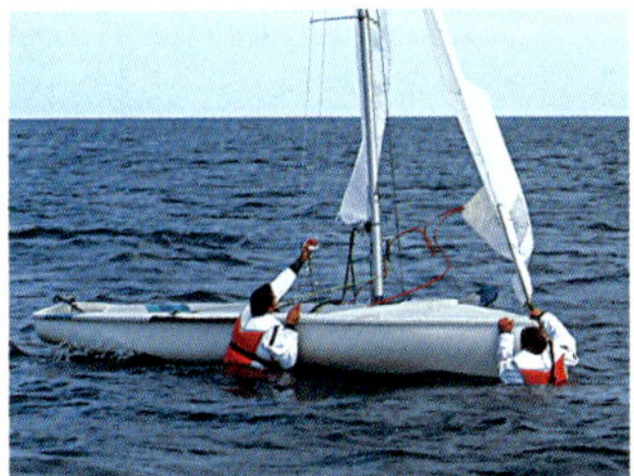

Schwert. Ist die Jolle wieder aufrecht, hält sie der Vorschoter weiter im Wind,

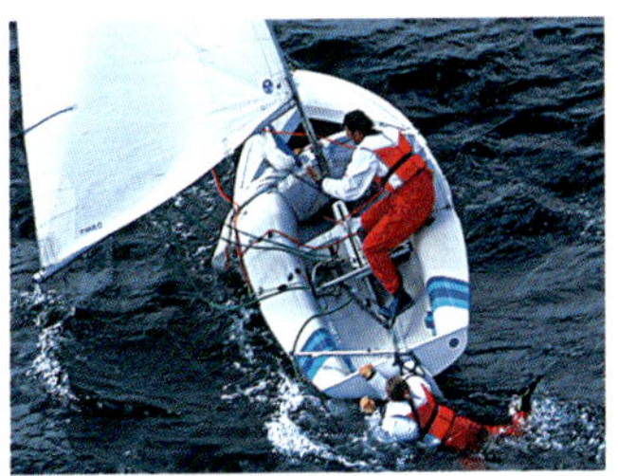

während der Steuermann einsteigt, eventuell noch belegte Schoten löst,

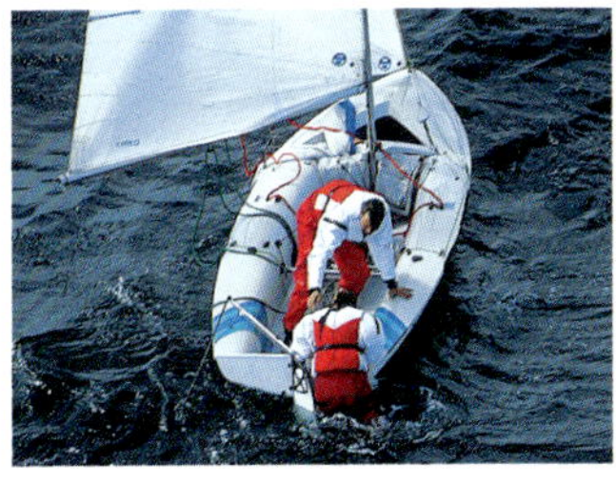

etwas Ordnung schafft und dann dem Vorschoter über das Heck ins Boot hilft.

Mensch über Bord

Eine Situation, die gekonntes Handeln erfordert. Wichtig ist, die Person schnellstmöglich zu bergen.

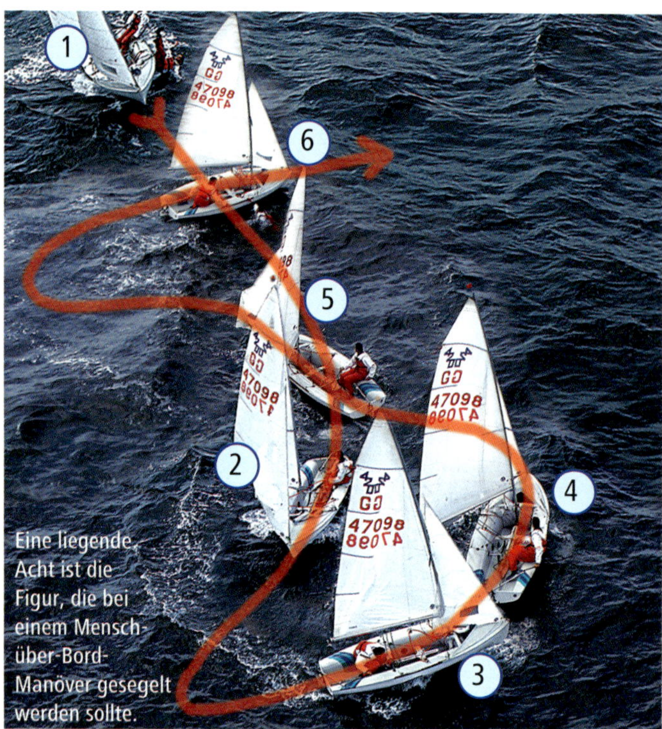

Eine liegende Acht ist die Figur, die bei einem Mensch-über-Bord-Manöver gesegelt werden sollte.

❶ Das Crewmitglied fällt außenbords, der Steuermann oder ein Besatzungsmitglied darf es nicht aus den Augen verlieren. ❷ Der Steuermann fällt etwas ab, ❸ wendet möglichst auf dem Fleck und ❹ nimmt durch Abfallen wieder Fahrt auf. ❺ Kurz vor Erreichen der Person lässt er die Segel killen und ❻ fährt einen Aufschießer.

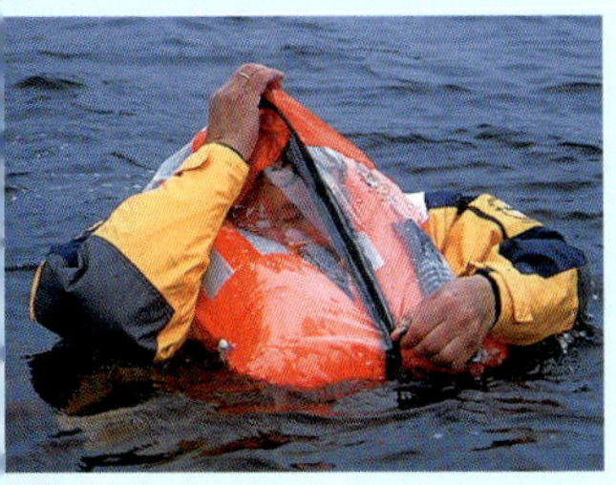

Die Rettungsweste bläst sich im Wasser automatisch auf, ist ohnmachtsicher.

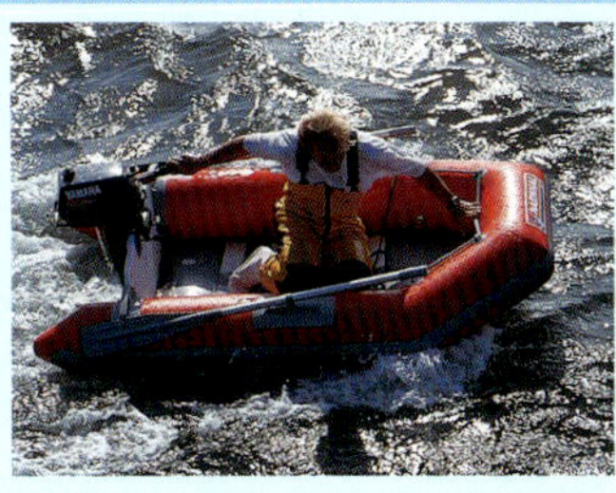

Das Schlauchboot ist eine Möglichkeit, aktiv für die eigene Rettung zu sorgen.

Sicherheit auf See

Was man zum Überleben im Wasser und zur Rettung braucht.

Das Problem ist so alt wie die Seefahrt. Zwei Szenarien sorgen bei Seglern für Albträume. Entweder, über Bord zu gehen, oder dass das Schiff sinkt.

Die Hilfsmittel zum Überleben im Wasser reichen von der einfachen Rettungsweste bis zu Spezialanzügen, wasserdicht und wärmend, die auch in eiskaltem Wasser die Lebensfunktionen über Stunden aufrechterhalten. Niemand darf glauben, er sei vor einem Seenotfall sicher. Jeder muss rechtzeitig vorsorgen.

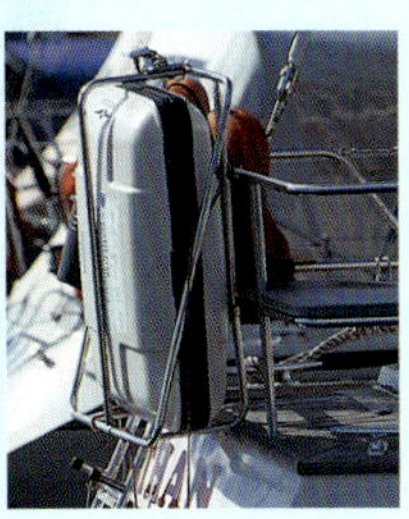

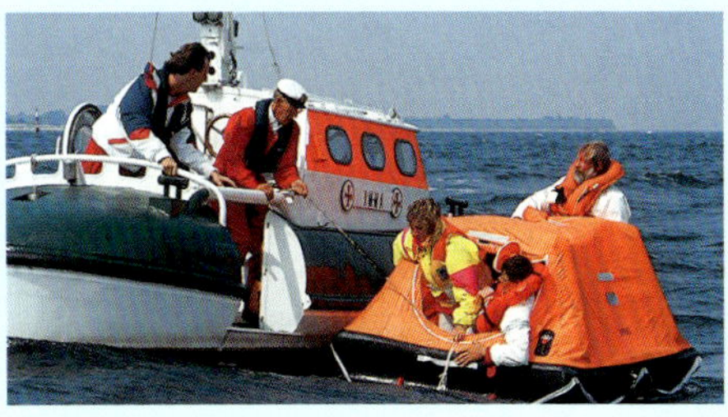

Die Rettungsinsel muss bei Hochseetörns unbedingt dabei sein. Sollte die Yacht sinken, bläst sie sich automatisch auf, sie kann aber auch von Hand aktiviert werden.

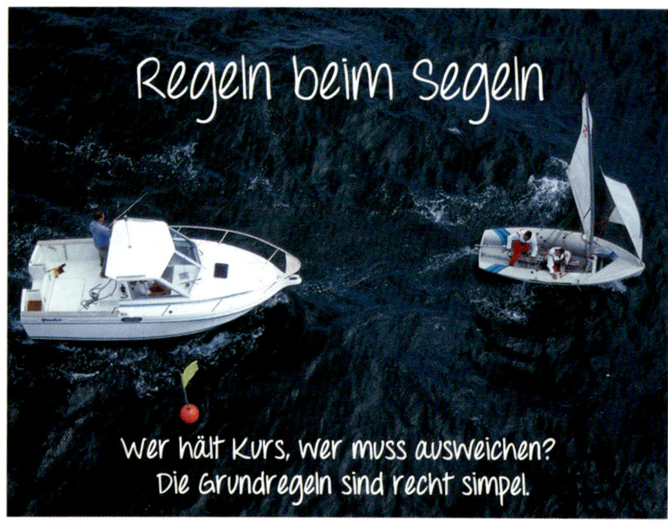

Mit Zunahme des Verkehrs auf dem Wasser war es nötig, Regeln zu bestimmen, um Kollisionen zu vermeiden. Die für alle Wasserfahrzeuge international gültigen Grundsätze sind die Kollisionsverhütungsregeln (KVR). Die für Segler relevanten Regeln sind rechts abgebildet.

Darüber hinaus gibt es für die verschiedenen Bereiche des Wassersports und für die unterschiedlichen Seegebiete eine Vielzahl weiterer Vorschriften. So gelten auf allen sogenannten Seeschifffahrts- oder Binnenschifffahrtsstraßen eigene Ordnungen. Und die Regattasegler haben sich die Wettfahrtregeln geschaffen, mit denen sie definieren, was im Wettkampf in den verschiedenen Situationen erlaubt ist.

Alle Regelwerke verbinden jedoch allgemein gültige Grundsätze. So muss auf einer Yacht ständig Ausguck gehalten werden. Als Ausweichpflichtiger sollte man immer rechtzeitig und eindeutig ausweichen, der Kurshaltepflichtige sollte die Fahrt mit größter Vorsicht fortsetzen, im Zweifelsfall jedoch sollte man nicht auf seine Rechte pochen.

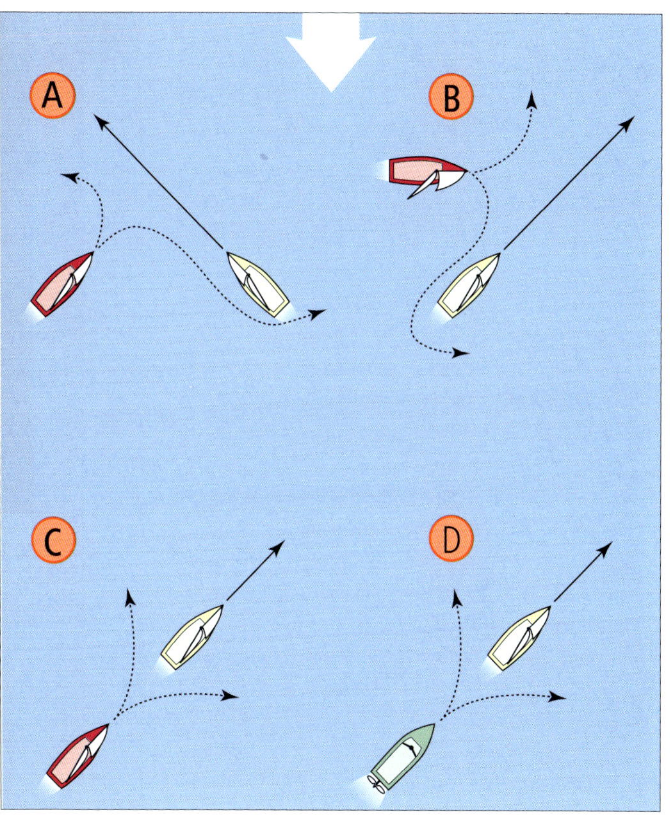

A Wenn sie den Wind nicht von derselben Seite haben, muss das Fahrzeug, das den Wind von Backbord hat (rot), dem anderen (gelb) ausweichen.

B Wenn sie den Wind von derselben Seite haben, muss das luvwärtige Fahrzeug (rot) dem leewärtigen (gelb) ausweichen.

C Eine Yacht von achteraus (rot) muss sich beim Überholen freihalten.

D Motorboote (grün) müssen Segelbooten ausweichen.

Beaufort & Co.

Was heißt Windstärke, was bedeutet das für den Segler auf dem Wasser?

Segler sprechen, wenn sie sich über den Wind unterhalten, von Knoten oder Beaufort. In Knoten wird die Windgeschwindigkeit in Seemeilen pro Stunde angegeben, Beaufort ist das Gleiche wie Windstärke, eine Skala so ähnlich wie bei der Erdbebenmessung.

Vor jedem Törn sollte ein Skipper den Wetterbericht einholen. Dort erfährt er neben allgemeinen Wetterinformationen auch etwas über Windrichtung und -stärke. Übrigens, wird im Wetterbericht vor Nebel gewarnt, sollte man niemals auslaufen.

Die Wetterdienste geben eine Starkwindwarnung heraus, wenn die Windgeschwindigkeit 14 Meter pro Sekunde übersteigt. Eine Starkwindwarnung bezieht sich auf Stärke 6 bis 7. Von einer Sturmwarnung spricht man ab 8 Windstärken. Für viele Boote kann aber auch schon Beaufort 5 problematisch werden. Denn in den Wettervorhersagen wird immer nur auf die mittlere Windgeschwindigkeit eingegangen. Bei labilen Wetterlagen können Böen auftreten, deren Stärke bis zu 25 Prozent höher liegt als die vorausgesagte Windgeschwindigkeit.

Alle Wettervorhersagen haben einen gemeinsamen großen Nachteil. Sie beziehen sich immer auf räumlich sehr große Gebiete und berücksichtigen nicht reviertypische Verstärkungs- oder Abschwächungseffekte, wie düsenförmige Buchten oder abschirmende Inseln. Die Wettervorhersage sollte also immer nur ein Hilfsmittel sein, genauso wichtig ist die eigene ständige Beobachtung.

DIE BEAU

Bft.	Bezeichnu
0	Stille
1	Leiser Zug
2	Leichte Br
3	Schwache Brise
4	Mäßige B
5	Frische Br
6	Starker W
7	Steifer Wi
8	Stürmisch Wind
9	Sturm
10	Schwerer Sturm
11	Orkanartig Sturm
12	Orkan

KALA

·virkungen auf die See	Knoten	m/s	km/h
gelglatte See.	0 bis 1	0 bis 0,2	0 bis 1
ıe schuppenförmige Kräuselwellen.	1 3	0,3 1,5	1 5
ıe Wellen, aber noch kurz. Glasige, t brechende Kämme.	4 6	1,6 3,3	6 11
me beginnen zu brechen. Vereinzelt ·n kleine Schaumköpfe auf.	7 10	3,4 5,4	12 19
en sind klein, werden aber länger. ße Schaumköpfe treten verbreitet auf.	11 15	5,5 7,9	20 28
ßige, aber längere Wellen. Überall weiße ıumkämme, vereinzelt Gischt.	16 21	8,0 10,7	29 38
Bildung großer Wellen beginnt. Brechende ıme, größere weiße Schaumflächen, Gischt.	22 27	10,8 13,8	39 49
türmt sich, der beim Brechen entstehende ıum beginnt, sich in Windrichtung zu legen.	28 33	13,9 17,1	50 61
ßig hohe Wellenberge mit langen Kämmen Gischt beginnt abzuwehen. Schaumstreifen.	34 40	17,2 20,7	62 74
e Wellenberge; dichte Schaumstreifen in drichtung. »Rollen« der See beginnt.	41 47	20,8 24,4	75 88
· hohe Wellenberge mit überbrechenden ımen. Sicht durch Gischt beeinträchtigt.	48 55	24,5 28,4	89 102
·ergewöhnlich hohe Wellenberge. Die Kanten Wellenkämme sind zu Gischt zerblasen.	56 63	28,5 32,6	103 117
mit Schaum und Gischt angefüllt. See ständig weiß. Jede Fernsicht hört auf.	über 64	über 32,7	über 118

Glossar

Abdrift die Versetzung nach Lee durch die Querkraft
abfallen Kursänderung vom Wind weg
achtern hinterer Teil des Bootes
anliegen ein Ziel mit der zur Zeit gewählten Segelstellung erreichen
anluven Kursänderung zum Wind hin
anschlagen ein Segel zum Setzen vorbereiten
auffieren die Schoten oder eine Leine nachlassen
Aufschießer ein Boot in den Wind drehen, um es abzubremsen

Backbord die in Fahrtrichtung linke Schiffsseite
Baum ein Rundholz, ein Rohr oder Kunststoffprofil, an welchem die Unterkante (Unterliek) eines Segels festgemacht wird
belegen eine Leine festmachen
Blister ein Segel aus Spinnakertuch ähnlich der Genua, für leichten Wind, zum Höhe laufen geeignet
Block Umlenkrolle für Leinen
brechen das Reißen von Leinen
Bug vorderes Ende das Schiffsrumpfes

Dingi von einer Person zu bedienendes Bei- oder Segelboot
Dirk eine Leine zum Anheben des Großbaumes

Ende ein kurzes Stück Tau
Etmal die zurückgelegte Strecke von 12 Uhr mittags bis zum nächsten Tag 12 Uhr mittags

Fall eine Leine, mit der Segel oder Rahen hochgezogen werden
Fock das unmittelbar vor dem vordersten Mast gefahrene Vorsegel
Fuß Längenmaß (1ft = 304 mm)

geigen Pendeln eines Schiffes um die Längsachse
Genua am Vorstag gefahrenes überlappendes Vorsegel für leichten Wind
Gut umfasst alles an Bord verwendete Tau- und Drahtwerk (laufendes Gut und stehendes Gut)

Heck hinteres Ende des Schiffes
heißen/hissen aufziehen eines Segels oder einer Flagge